ピポンのフェルトで作る

部活応援チャーム

運動部から文化部まで、いっぱい！

運 動 部

文 化 部

JN093176

作り方は簡単

❶ 図案を写す

トレーシングペーパーに
消しゴムで消せる
色鉛筆で写します

裏返して、
フェルトに
のせます

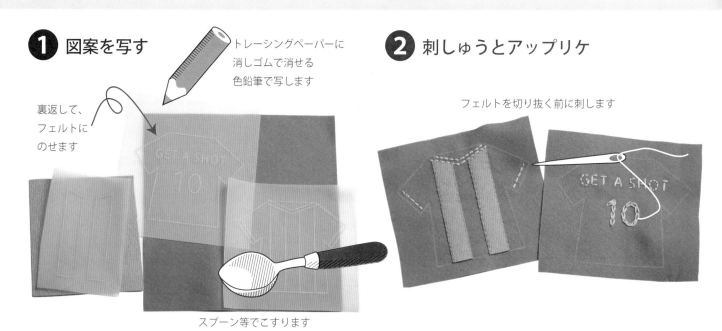

スプーン等でこすります

❷ 刺しゅうとアップリケ

フェルトを切り抜く前に刺します

❸ 切り抜く

❹ 縫い合わせ、わたを詰める

変更！ リアル部活ウェアやカラーにしてね

名前やゼッケンを変更

デザイン変更

チームカラーに変更

色や名前、ゼッケンを変更

色や名前を変更

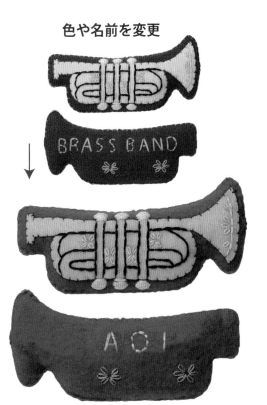

運動部
マスコットドール

サッカー部

図案：P.50

運動部の掲載部活には、マスコットドールがあります。
各ページのイラストのマスコットも巻末の図案を見て作れます。

テニス部

図案：P.49

サッカー部

図案：マスコット P.80
シューズ P.50-51
ボール P52
ウェア P.51-52

FOOTBALL

GET A SHOT

10

野球部

図案：マスコット P.81
グラブ P.53
ボール P.52
ウェア P.53

BASEBALL

BIG FLY!

18

HR

テニス部

TENNIS

TENNIS

ラケット図案：P.54-55

TENNIS

SMASH

12

図案：マスコット P.82
　　　ウェア P.56
　　　ラケット P.57

図案：マスコット P.82
　　　ウェア P.57
　　　ラケット P.58
　　　シャトル P.58

14

バレーボール部

図案：マスコット P.82
　　　ウェア P.59
　　　ボール P.58-59

VOLLEYBALL

VOLLEYBALL
9

9

9

ATTACK

GOAL

バスケットボール 部

図案：マスコット P.82 ／ウェア P.61
シューズ P.60 ／ボール P.61

18

ラグビー 部

図案：マスコット P.82
　　　ウェア P.62-63
　　　シューズ P.62
　　　ボール P.62

21

陸上競技部

図案：マスコット P.83
　　　ウェア P.64

JUDO

柔道部

図案：マスコット P.83

柔道着 P.65

23

弓道部

図案：マスコット P.83
弓道着：P.66

KYUDO

24

KENDO

図案：マスコット P.83
剣道着：P.67

体操・新体操部

図案：マスコット P.82
　　　レオタード：P.68

GYMNASTICS

CHEER LEADING

図案：マスコット P.83
ウェア P.69

27

山岳部

図案：マスコット P.83

登山帽 P.68-69

図案：だるま P.64
トロフィー P.63 ／ハート P.66-67

29

ブレザーの制服を着たマスコットドール

ブレザーとスカート
図案：P.78

文化部は、ユニフォームがないので、制服姿のマスコット。
背中に名前を入れてね。

ブレザーとパンツ
図案：P.78-79

セーラー服と詰襟の学生服を着たマスコットドール

セーラー服
図案：P.81

詰襟の学生服
図案：P.80

文化部

34

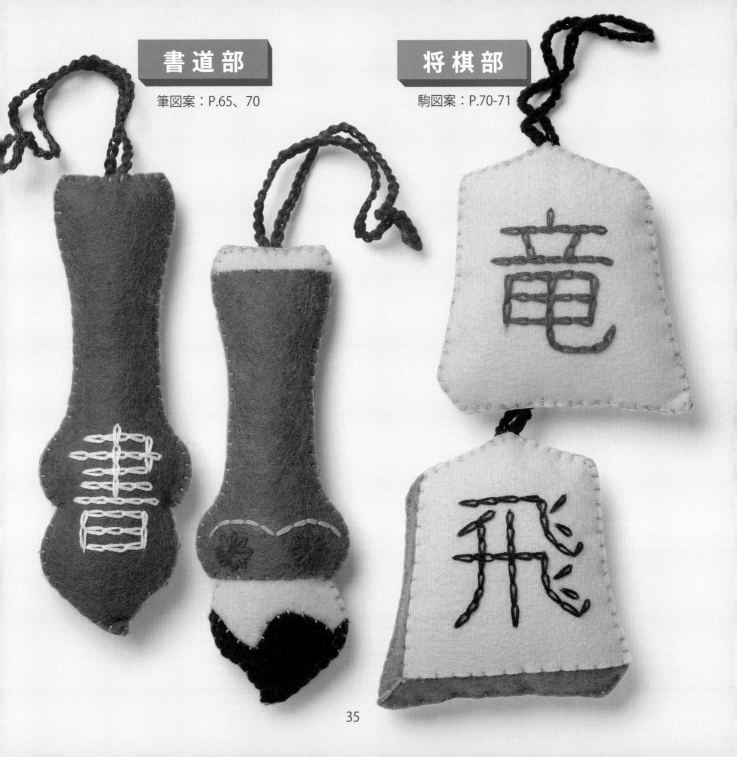

筆図案：P.65、70

駒図案：P.70-71

35

36

機関車図案：P.72

プラナリア図案：P.73

TRAIN

BIOLOGY

吹奏楽部

トランペット図案：P.67、73、74

軽音楽部

図案：フォークギター P.74
エレキギター P.75

FOLK MUSIC

BRASS BAND

BAND CLUB

40

COMIC

YUMMY

41

チャームの作り方

マスコット図案の変更

マスコットは、多少の違いはありますが、同じような大きさです。
切り貼りしてアレンジできます

❶ それぞれをコピーして切る

❷ 貼り合わせる。合わない箇所を
微調整し、いらないところを消す

出来上り

cut

cut

微調整

消す

図案を写す

図案は実物大です。図案ページに
トレーシングペーパーをのせて
なぞります。写した線を転写するので
図案は反転してあります。

図案

トレーシングペーパー

ホチキス

色鉛筆：ユニ アーテレーズカラー（三菱鉛筆）を使います

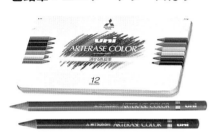

紙に描いた線が、**消しゴムで消せる**特別な
色鉛筆です。（**キャップ等でこすった摩擦熱で
色が消えるタイプではありません**）
大型の文房具店に売っています。
他の色鉛筆は、フェルトに転写できない
ものが多いです。水彩色鉛筆は、濡れると滲んで
しまうので使えません。

★普通の鉛筆の場合は、H か HB を使います。
　フェルトに写した線は、こすると汚れやす
　いので、細めの線で写します。
★チョークペンシルを使う場合は、
　フェルトに写した線が、触ると消えやすい
　ので気をつけて、
　外側の線から刺しゅうしていきます。

❶ 図案にトレーシングペーパーを
のせ、色鉛筆でなぞる

❷ トレーシングペーパーを裏返して
フェルトにのせ、転写する

ホチキスで
図案の外側を
とめる

スプーンの
ふち等で
しっかり
こする

❸ きちんと写せたか確認してトレーシングペーパーを外す

色鉛筆は、
フェルトより
濃い色を使うと
見やすい。
こすると汚れたり
落ちやすいので
気をつける

黒や濃色の
フェルトの
場合は、
明るい色の
色鉛筆を
使うと
見やすい

図案の写し方の動画

43

刺しゅうする

刺しゅうの刺し方は　P.48

フェルトを切り抜く前に、
パーツや本体にそれぞれ刺しゅうする。

25番刺しゅう糸

刺しゅう針

表側

刺しゅうの
刺し上り

切り抜いて使うので、
刺しゅうが輪郭から
はみ出ないように刺す

裏側

わたを入れたときに
糸がつって
しわができないよう、
刺しゅう糸は、
部分ごとにそれぞれ
刺し始めと終りに
玉止めをし、切る

刺し始めと
終りは、
玉を作る

パーツを切り抜き
本体に貼る

先のとがった小さめの
ハサミが使いやすい

スティックのり

❶ 刺しゅうの糸や玉止めを
切らないように気をつけて
切り抜く

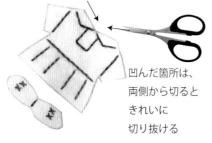

凹んだ箇所は、
両側から切ると
きれいに
切り抜ける

❷ 仮止めのために、パーツの裏に
スティックのりを塗る

❸ 本体に貼る

たてまつりの
しかた

パーツは、表側から
刺したほうが針目が
整えやすい

❶
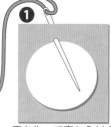
玉を作って裏から刺す

❷
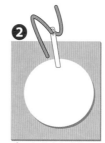
パーツの上に刺し、
裏に出す

44

❸
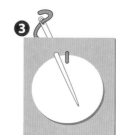
隣に刺す

❹

刺し進める

❺
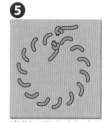
裏側で玉止めをする

25 番刺しゅう糸１本どり

刺しゅう針

実物大

切り抜くので、
輪郭線と重なる
箇所は刺さない。

パーツ布から、
糸がはみ出ない
ように刺す

パーツが多いもの

組合せ図を参照して
❶パーツの刺しゅう、
アップリケを仕上げる
❷❸パーツを切り抜く。
下になるパーツから
順に、のりで貼り、
たてまつりしていく

❶

リボンをのりで貼り、
輪郭線と重なる箇所
以外をたてまつりする

❷

スカートを
のりで貼り、
輪郭線と重なる
箇所以外を
たてまつりする

❸

ジャケットと
靴を切り抜き、
のりで貼る。
輪郭線と重な
る箇所以外を
たて
まつりする

ひもの編み方（鎖編み）

25 番刺しゅう糸６本どり

3/0 号かぎ針

ひもの長さは約 18〜20cm。チャームの大きさやバッグの持ち手の幅等も考慮して加減する。
編み終りは、糸を 5 cm ほど残して切る。最後の輪を引き上げ、糸端を引き抜く

❶   ❷   ❸   ❹

切り抜く。ひもつけ。
正面と背面を合わせる

手芸用接着剤

まち針

① 切り抜く

② ひも（P.45）を背面側のフェルトの裏側に、少量の接着剤を塗って貼る

ひもの端を玉結びして貼る

③ 本体正面と背面をそろえてまち針でとめる

縫い合わせ、
わたを詰める

25番刺しゅう糸2本どり

刺しゅう針

手芸わた

凹凸が少ないもの

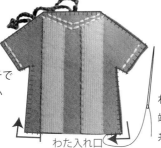

① 図案を参照し、ブランケット・ステッチでわた入れ口を残して縫い合わせる

わた入れ口

わた入れ口の端まできたら、糸を残して休める

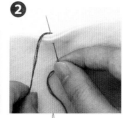

② わた入れ口からわたを詰める。竹ぐしやかぎ針等でふちまで詰める

③ 残しておいた糸で、ブランケット・ステッチを続け、わた入れ口をとじる

ブランケット・ステッチの
刺し方

※ 写真は、見やすいように4本どりで刺しています

刺し始め

① 玉結びし、重ねたフェルトの内側から針を出す

②

③

④ 隣に針を入れ、反対側へ出す。糸をかける。これを繰り返し刺し進める

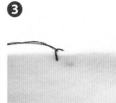

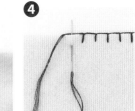

凹凸が多いもの

途中まで縫い合わせ、
わたを詰める。
この工程を繰り返し
進めていくと
細い部分に
きれいにわたが
入れられる

❶
❷
わたを
詰める
わたを
詰める
❸
わた入れ口

1 図の❶頭の途中まで縫い合わせ、
糸を残して休める。わたを手の
先に詰める

わたを
詰める

2 図の❷まで
縫い進める

わたを
詰める

わたを
反対側の
手の先に
詰める

3 わた入れ口の
端まできたら、
全体にまんべんなく
わたを詰める

4 残しておいた糸で、
ブランケット・
ステッチを続け、
わた入れ口をとじる

わたは、
ぷっくりする
程度に入れる

チャーム
出来上り！

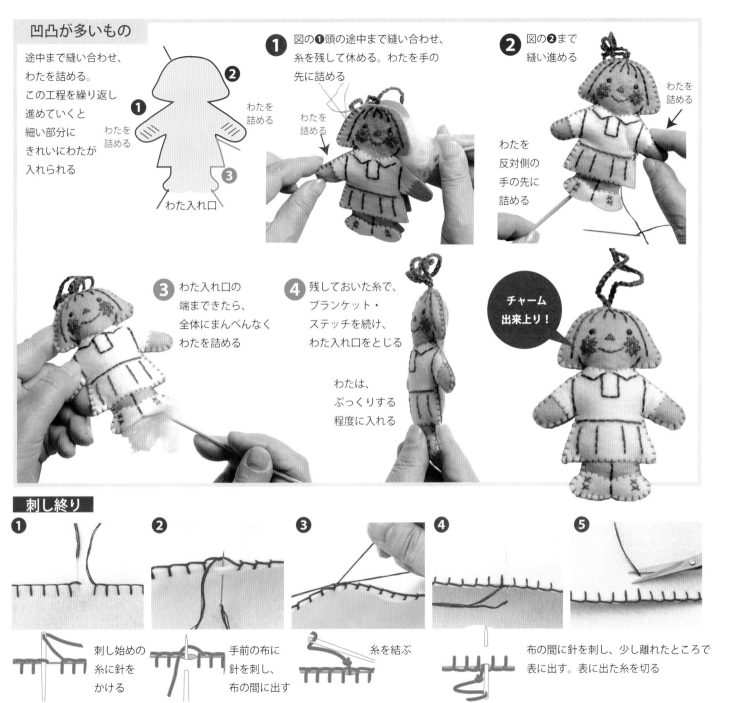

刺し終り

❶ 刺し始めの
糸に針を
かける

❷ 手前の布に
針を刺し、
布の間に出す

❸ 糸を結ぶ

❹

❺

布の間に針を刺し、少し離れたところで
表に出す。表に出た糸を切る

47

刺しゅうの刺し方 (25番刺しゅう糸)

6本の糸を束ねてある。まず必要な長さ分に切り、
糸がからまないように気をつけて糸を抜き、
そろえてから針に通す

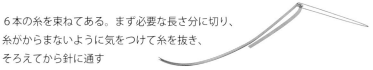

	図案の線
	2本どり
	4本どり
	6本どり

ストレート・ステッチ

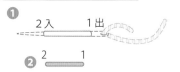
❶ 2入 1出
❷ 2 1

❶ 3出 2入 1出

❷ 5出 3 2 1 4入 6入

❸ 5

❹ 3 5 2 1 4 6

バック・ステッチ

❶ 3出 2入 1出

❷ 4入 3出

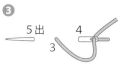
❸ 5出 4

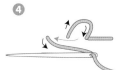
❹

4本どり

フレンチナッツ・ステッチ

2回巻き

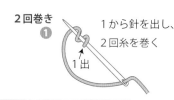
❶ 1出
1から針を出し、2回糸を巻く

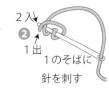
❷ 2入 1出
1のそばに針を刺す

❸ 糸を引きながら針を裏に出す

3回巻きは、❶で
針に糸を3回巻きつける

2入 1出

● 4本どり 2回巻き

● 2本どり 3回巻き

サテン・ステッチ

❶ 1出 2入

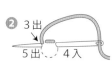
❷ 3出 5出 4入

❸

4本どり

レゼーデージー・ステッチ

❶ 3出 2入 1出

❷ 4入

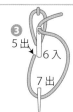
❸ 5出 6入 7出

❹ 対角に刺し進める

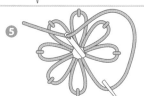
❺

2本どり

チェーン・ステッチ

❶ 1出 3出 2入

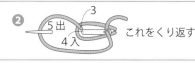
❷ 3 5出 4入 これをくり返す

❸ 刺し終り

入 出

- - 2本どり
━ ━ 4本どり

図案集　実物大、反転してあります

作品ページの写真は、ほぼ実物に近い大きさです。
フェルトや刺しゅう糸の色は、そちらを見て選んでください。
※図案中のフェルトの色は、図案をわかりやすくするためにしるしています。
　販売されているフェルトの色名ではありません。

パーツはグレーで
表現しています

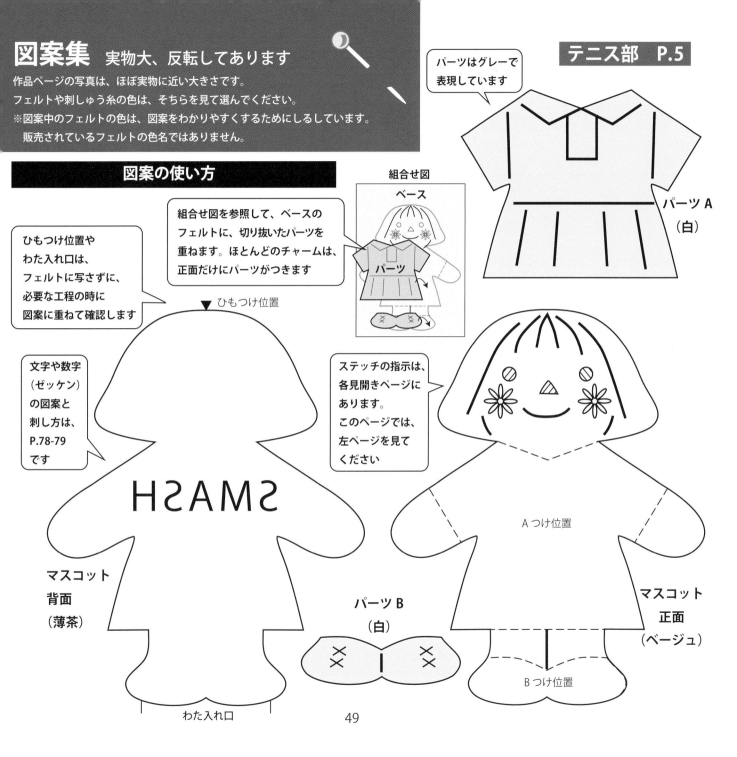

図案の使い方

ひもつけ位置や
わた入れ口は、
フェルトに写さずに、
必要な工程の時に
図案に重ねて確認します

組合せ図を参照して、ベースの
フェルトに、切り抜いたパーツを
重ねます。ほとんどのチャームは、
正面だけにパーツがつきます

組合せ図
ベース

パーツ

▼ ひもつけ位置

文字や数字
（ゼッケン）
の図案と
刺し方は、
P.78-79
です

ステッチの指示は、
各見開きページに
あります。
このページでは、
左ページを見て
ください

パーツ A
（白）

SMASH

マスコット
背面
（薄茶）

パーツ B
（白）

わた入れ口

A つけ位置

B つけ位置

マスコット
正面
（ベージュ）

49

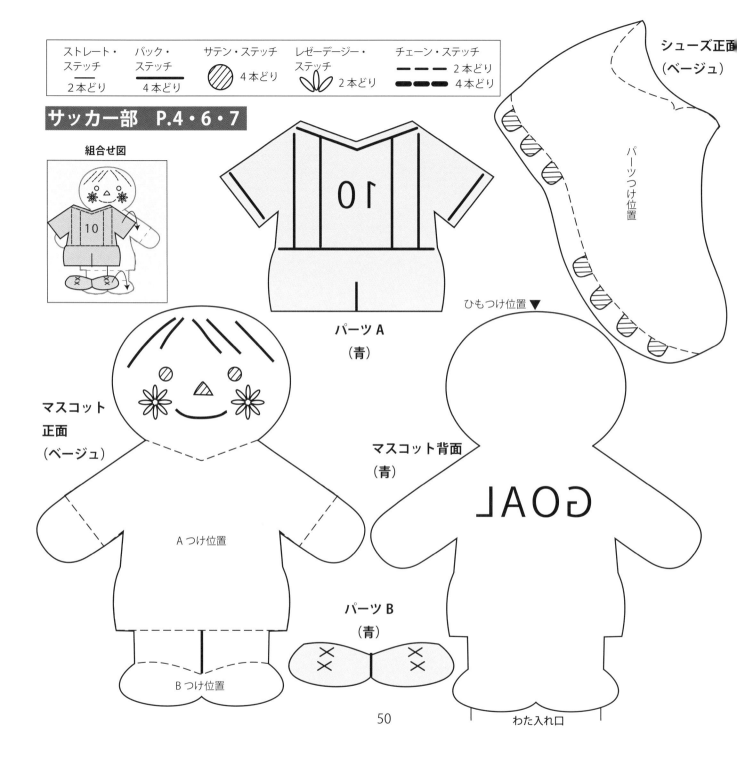

ストレート・ステッチ　2本どり
バック・ステッチ　4本どり
サテン・ステッチ　4本どり
レゼーデージー・ステッチ　2本どり
チェーン・ステッチ　2本どり　4本どり

サッカー部　P.4・6・7

組合せ図

シューズ正面
（ベージュ）

パーツつけ位置

パーツ A
（青）

10

ひもつけ位置 ▼

マスコット
正面
（ベージュ）

マスコット背面
（青）

GOAL

A つけ位置

パーツ B
（青）

B つけ位置

わた入れ口

50

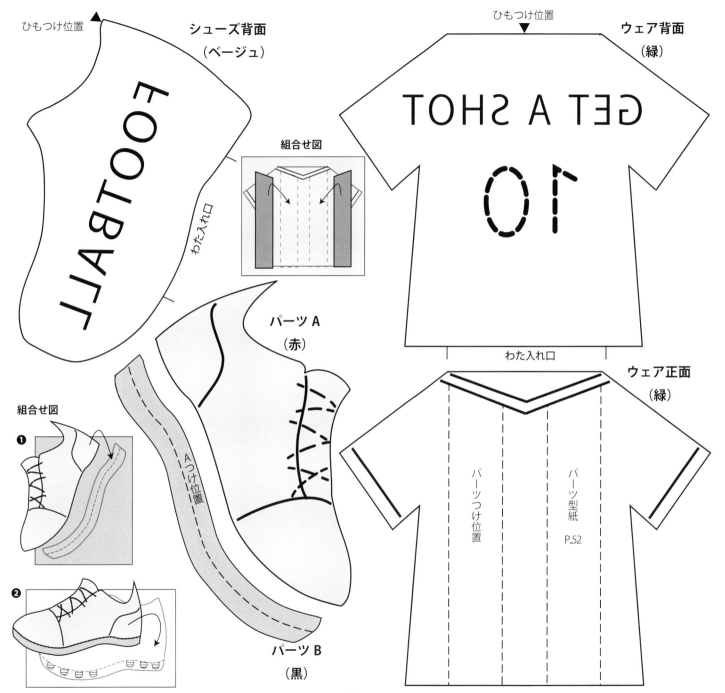

ひもつけ位置

シューズ背面
（ベージュ）

FOOTBALL

わた入れ口

口れ入たわ

組合せ図

ひもつけ位置

ウェア背面
（緑）

GET A SHOT

10

組合せ図

❶

❷

パーツ A
（赤）

A つけ位置

パーツ B
（黒）

わた入れ口

ウェア正面
（緑）

パーツつけ位置

パーツ型紙
P.52

ウェアの
パーツ
（水色）

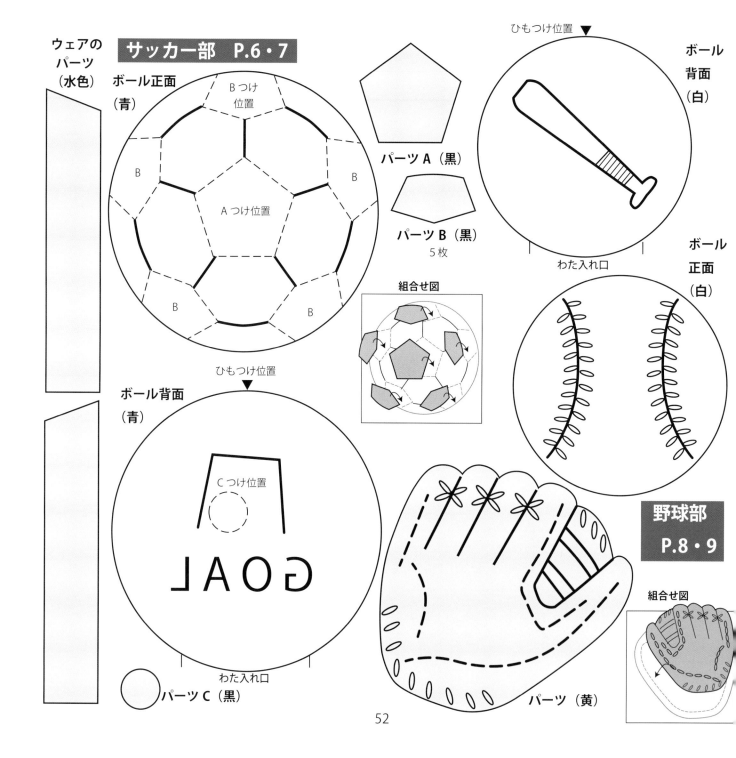

サッカー部　P.6・7

ボール正面
（青）

Bつけ位置

B

Aつけ位置

B

B

B

ボール背面
（青）

ひもつけ位置 ▼

Cつけ位置

GOAL

わた入れ口

パーツC（黒）

パーツA（黒）

パーツB（黒）
5枚

組合せ図

ひもつけ位置 ▼

ボール
背面
（白）

わた入れ口

ボール
正面
（白）

野球部
P.8・9

組合せ図

パーツ（黄）

52

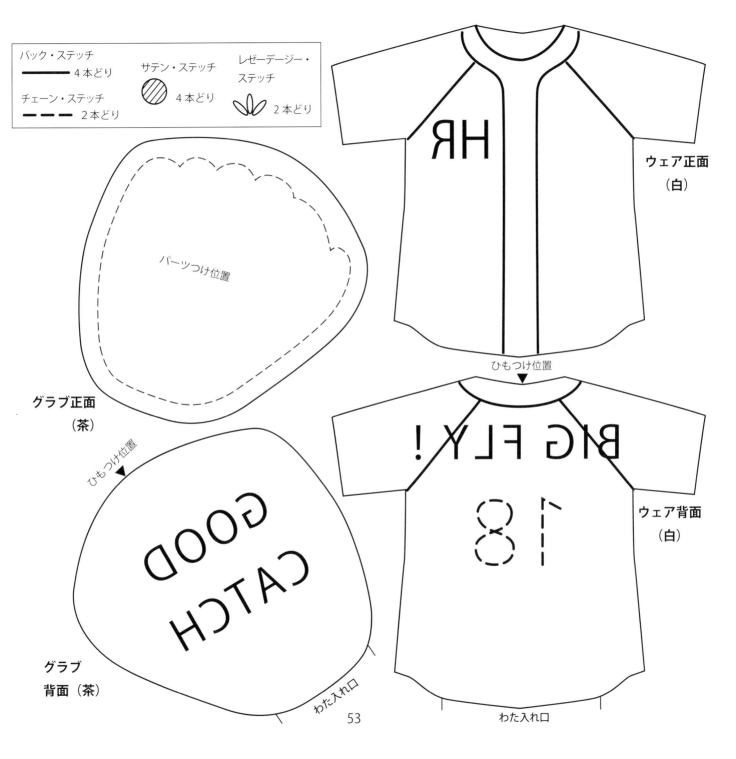

バック・ステッチ
——— 4本どり

チェーン・ステッチ
– – – 2本どり

サテン・ステッチ
4本どり

レゼーデージー・ステッチ
2本どり

ウェア正面
（白）

パーツつけ位置

グラブ正面
（茶）

ひもつけ位置

ひもつけ位置

ウェア背面
（白）

グラブ
背面（茶）

わた入れ口

わた入れ口

53

ひもつけ位置

ポロシャツ背面
（白）

TENNIS

わた入れ口

バック・ステッチ	サテン・ステッチ
——4本どり	4本どり
レゼーデージー・ステッチ	2本どり

ひもつけ位置

ポロシャツ正面
（白）

わた入れ口

TENNIS

ラケット背面
（ベージュ）

54

パーツ A
（クリーム）

A つけ位置

パーツ B
（茶）

ワンピース正面
（緑）

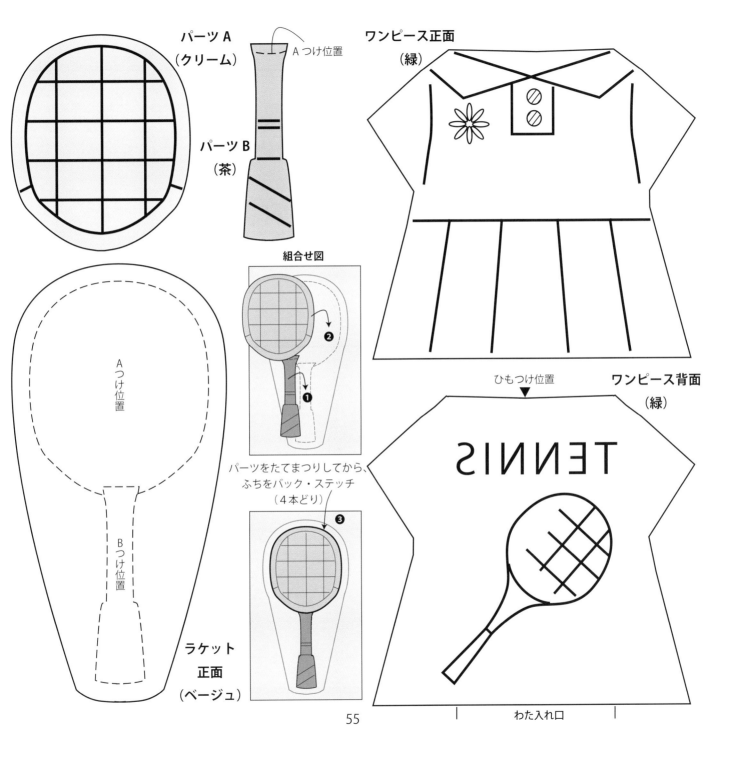

組合せ図

A
つけ
位置

B
つけ
位置

❶

❷

ラケット
正面
（ベージュ）

パーツをたてまつりしてから、
ふちをバック・ステッチ
（4本どり）

❸

ひもつけ位置
▼

ワンピース背面
（緑）

TENNIS

わた入れ口

55

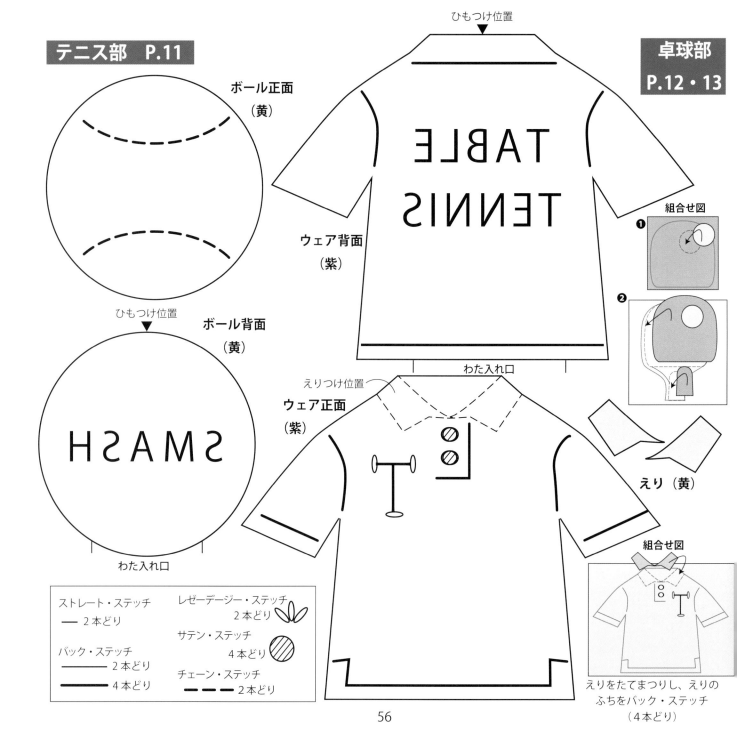

ひもつけ位置

ボール正面
（黄）

ウェア背面
（紫）

TABLE TENNIS

組合せ図

❶

❷

ひもつけ位置

ボール背面
（黄）

SMASH

わた入れ口

えりつけ位置

ウェア正面
（紫）

えり（黄）

わた入れ口

組合せ図

えりをたてまつりし、えりの
ふちをバック・ステッチ
（4本どり）

ストレート・ステッチ
―― 2本どり

バック・ステッチ
―― 2本どり
―― 4本どり

レゼーデージー・ステッチ
2本どり

サテン・ステッチ
4本どり

チェーン・ステッチ
--- 2本どり

56

パーツ B（赤）

A つけ位置

B つけ位置

パーツ A（白）

パーツ C
（こげ茶）

ラケット
正面
（薄茶）

C つけ
位置

ウェア背面（オレンジ）

ひもつけ位置 ▼

わた入れ口

ひもつけ位置 ▼

パーツ D
（白）

組合せ図

D つけ位置

わた入れ口

S M A S H

ラケット
背面
（薄茶）

パーツ
（オレンジ）

図案を 90°回転
して使う

ウェア正面
（クリーム）

パーツつけ位置

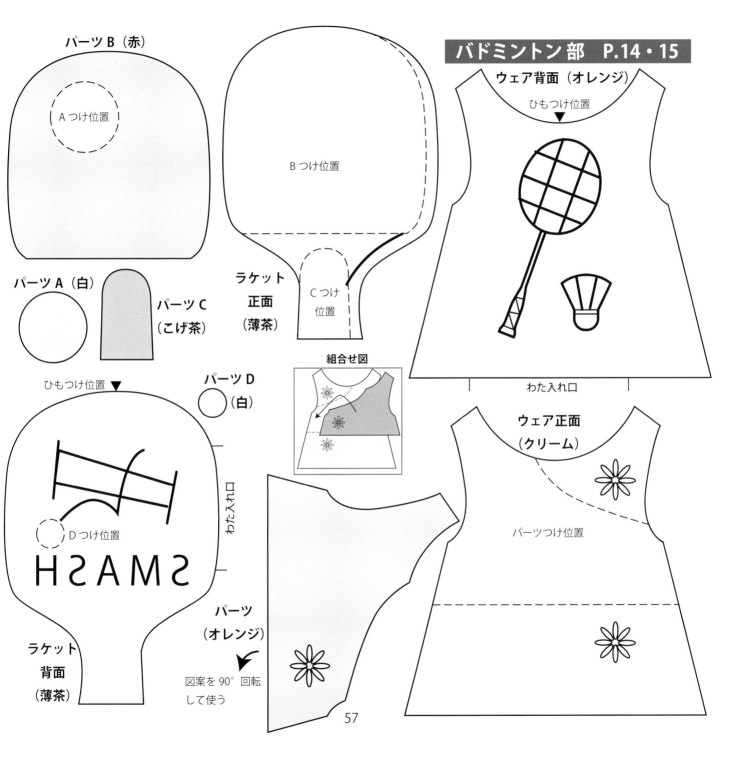

57

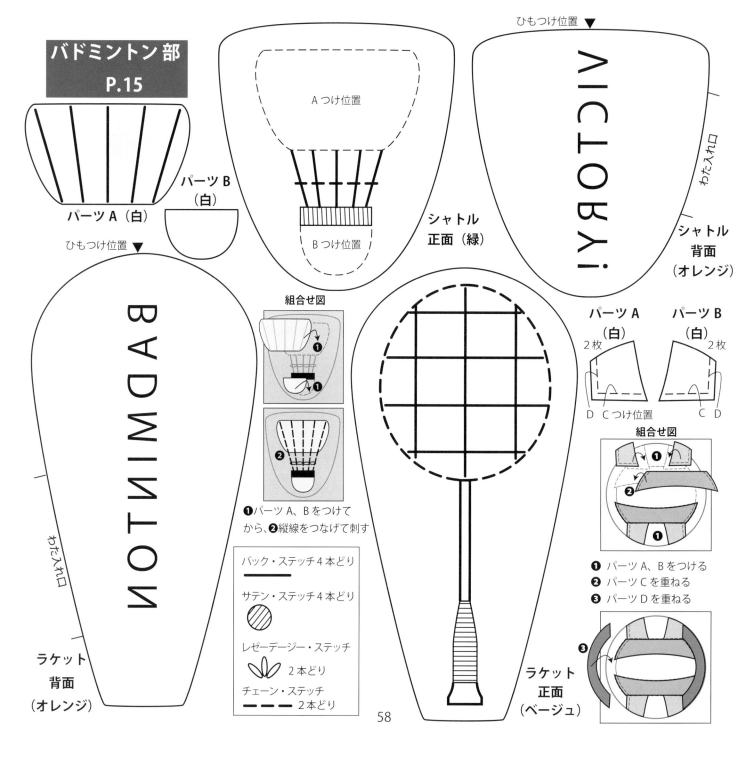

バドミントン部
P.15

パーツ A（白）

パーツ B
（白）

ひもつけ位置 ▼

A つけ位置

B つけ位置

シャトル
正面（緑）

ひもつけ位置 ▼

VICTORY

わたえれ口

シャトル
背面
（オレンジ）

パーツ A
（白）
2枚

パーツ B
（白）
2枚

D　C つけ位置　　C D

BADMINTON

わたえれ口

ラケット
背面
（オレンジ）

組合せ図

❶パーツ A、B をつけて
から、❷縦線をつなげて刺す

バック・ステッチ 4本どり

サテン・ステッチ 4本どり

レゼーデージー・ステッチ
2本どり

チェーン・ステッチ
2本どり

ラケット
正面
（ベージュ）

組合せ図

❶ パーツ A、B をつける
❷ パーツ C を重ねる
❸ パーツ D を重ねる

58

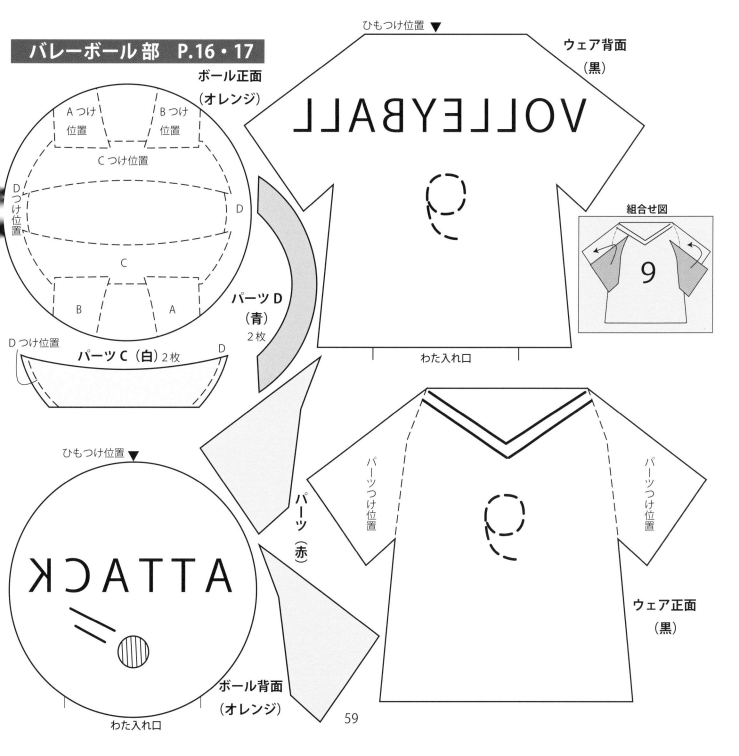

バレーボール部　P.16・17

ボール正面
（オレンジ）

A つけ位置　B つけ位置
C つけ位置
D つけ位置
D
C
D
B　A

D つけ位置
パーツ C（白）2枚　D

パーツ D
（青）
2枚

ひもつけ位置 ▼
ウェア背面
（黒）

VOLLEYBALL

わた入れ口

組合せ図

9

パーツ
（赤）

ひもつけ位置 ▼

ATTACK

ボール背面
（オレンジ）

わた入れ口

パーツつけ位置　パーツつけ位置

ウェア正面
（黒）

59

ハンドボール部　P.17

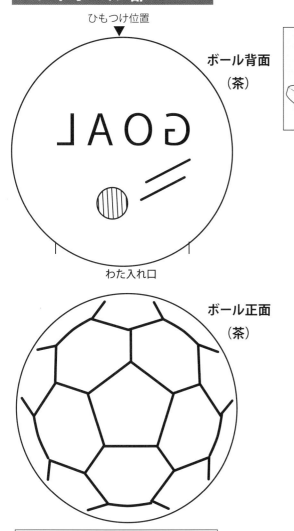

ひもつけ位置

ボール背面
（茶）

GOAL

わた入れ口

ボール正面
（茶）

バスケットボール部　P.18・19

組合せ図

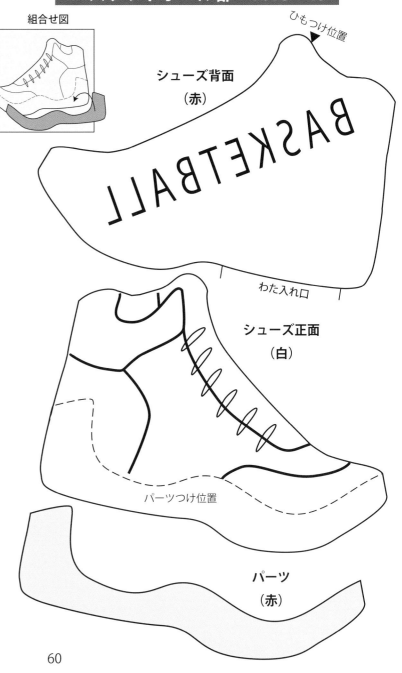

ひもつけ位置

シューズ背面
（赤）

BASKETBALL

わた入れ口

シューズ正面
（白）

パーツつけ位置

パーツ
（赤）

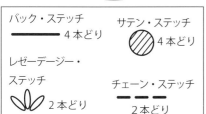

バック・ステッチ
―――― 4本どり

サテン・ステッチ
4本どり

レゼーデージー・
ステッチ
2本どり

チェーン・ステッチ
- - -
2本どり

60

ウェア正面
（青）

組合せ図

7

ひもつけ位置 ▼

ウェア
背面
（青）

DUNK

わた入れ口

パーツつけ位置

パーツつけ位置

パーツ
（黄）

ボール正面（茶）

BALL

▼ ひもつけ位置

ボール
背面（茶）

わた入れ口

61

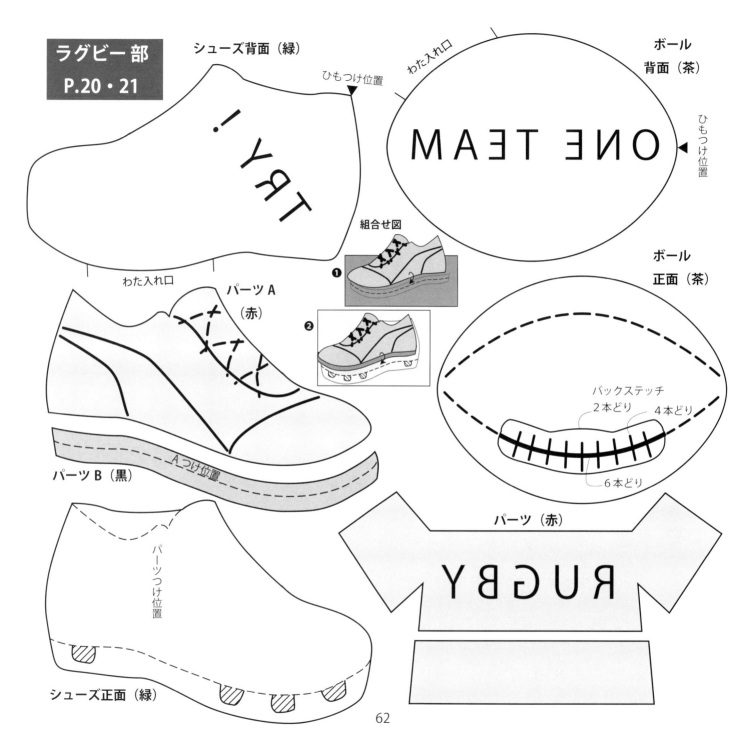

ラグビー部
P.20・21

シューズ背面（緑）

ひもつけ位置

わた入れ口

ボール
背面（茶）

ONE TEAM

ひもつけ位置

TRY!

わた入れ口

組合せ図

❶

❷

パーツ A
（赤）

ボール
正面（茶）

パーツ B（黒）

Aつけ位置

バックステッチ
2本どり
4本どり
6本どり

パーツ（赤）

RUGBY

パーツつけ位置

シューズ正面（緑）

62

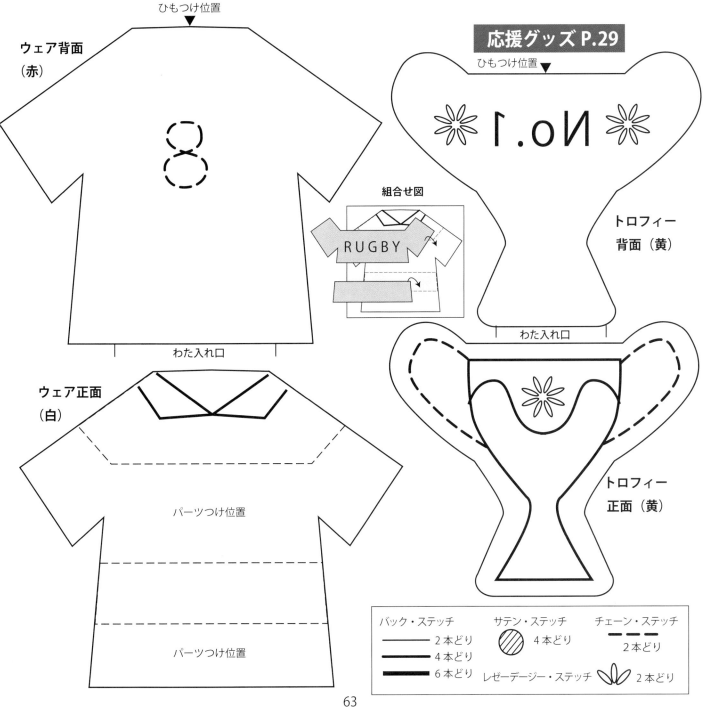

ひもつけ位置 ▼

**ウェア背面
（赤）**

応援グッズ P.29

ひもつけ位置 ▼

No.1

**トロフィー
背面（黄）**

組合せ図

RUGBY

わた入れ口

わた入れ口

**ウェア正面
（白）**

パーツつけ位置

パーツつけ位置

**トロフィー
正面（黄）**

バック・ステッチ	サテン・ステッチ	チェーン・ステッチ
———— 2本どり	4本どり	- - - - 2本どり
———— 4本どり		
━━━━ 6本どり	レゼーデージー・ステッチ 2本どり	

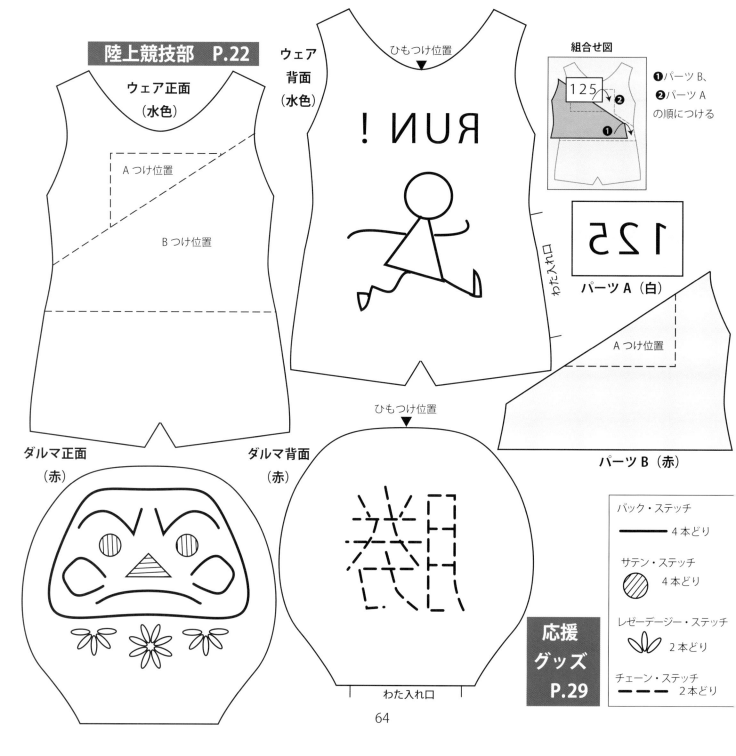

陸上競技部　P.22

ウェア正面
（水色）

Aつけ位置

Bつけ位置

ウェア
背面
（水色）

ひもつけ位置 ▼

RUN !

組合せ図

125

❶パーツB、
❷パーツA
の順につける

125

パーツA（白）

わた入れ口

Aつけ位置

パーツB（赤）

ダルマ正面
（赤）

ダルマ背面
（赤）

ひもつけ位置 ▼

わた入れ口

応援
グッズ
P.29

バック・ステッチ
4本どり

サテン・ステッチ
4本どり

レゼーデージー・ステッチ
2本どり

チェーン・ステッチ
2本どり

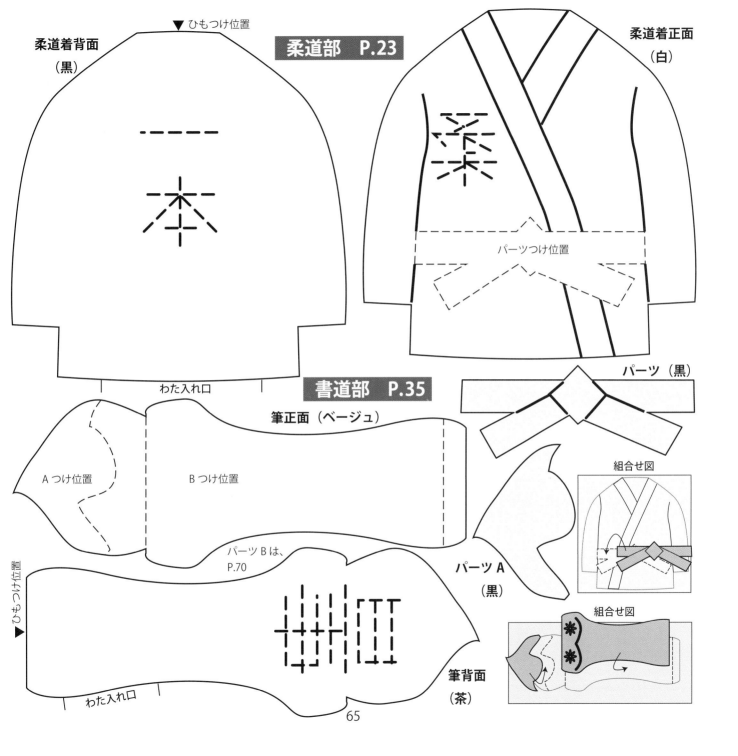

▼ ひもつけ位置

柔道着背面
（黒）

柔道部　P.23

柔道着正面
（白）

パーツつけ位置

パーツ（黒）

わた入れ口

書道部　P.35

筆正面（ベージュ）

Aつけ位置

Bつけ位置

パーツBは、
P.70

パーツA
（黒）

組合せ図

▼ひもつけ位置

わた入れ口

筆背面
（茶）

組合せ図

65

パーツ A
（グレー）

ハート
背面
（ピンク）

組合せ図

パーツ C
（オレンジ）

弓道着背面
（グレー）

ひもつけ位置

ひもつけ位置

「○∧E

わた入れ口

弓道着
正面
（白）

C つけ
位置

B つけ位置

A つけ位置

パーツ B（グレー）

わた入れ口

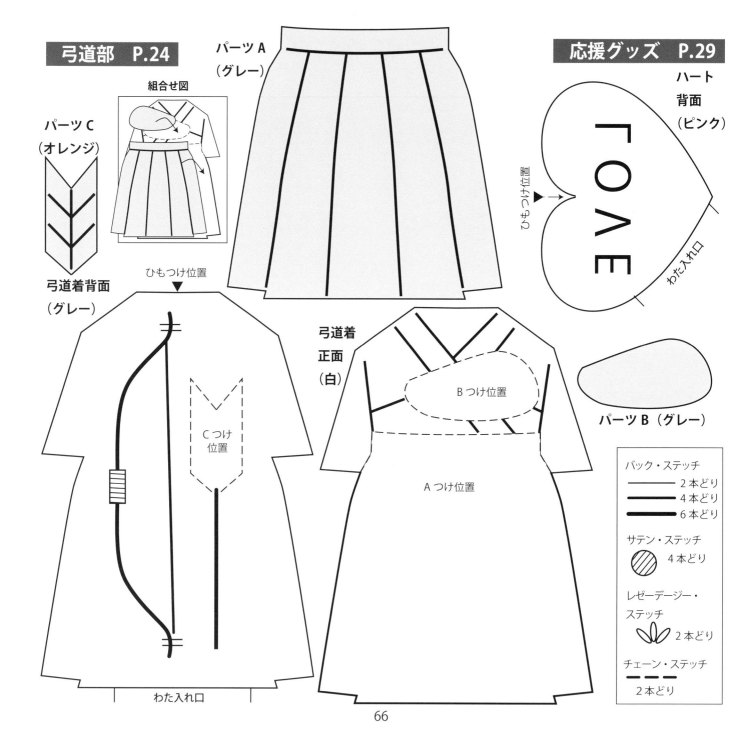

バック・ステッチ
2本どり
4本どり
6本どり

サテン・ステッチ
4本どり

レゼーデージー・
ステッチ
2本どり

チェーン・ステッチ
2本どり

66

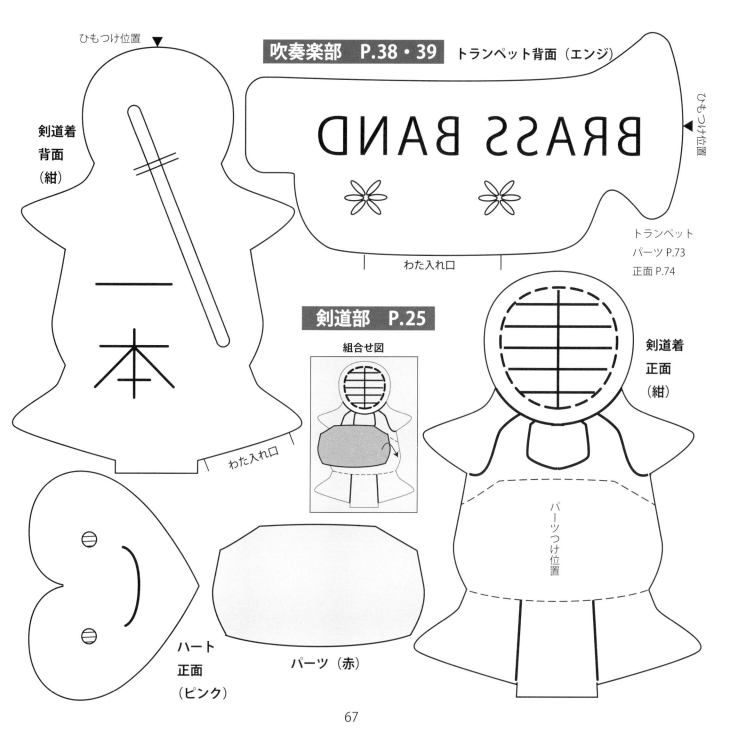

ひもつけ位置 ▼

　トランペット背面（エンジ）

剣道着
背面
（紺）

BRASS BAND

ひもつけ位置 ▶

トランペット
パーツ P.73
正面 P.74

わた入れ口

剣道部　P.25

組合せ図

一本

わた入れ口

剣道着
正面
（紺）

パーツつけ位置

ハート
正面
（ピンク）

パーツ（赤）

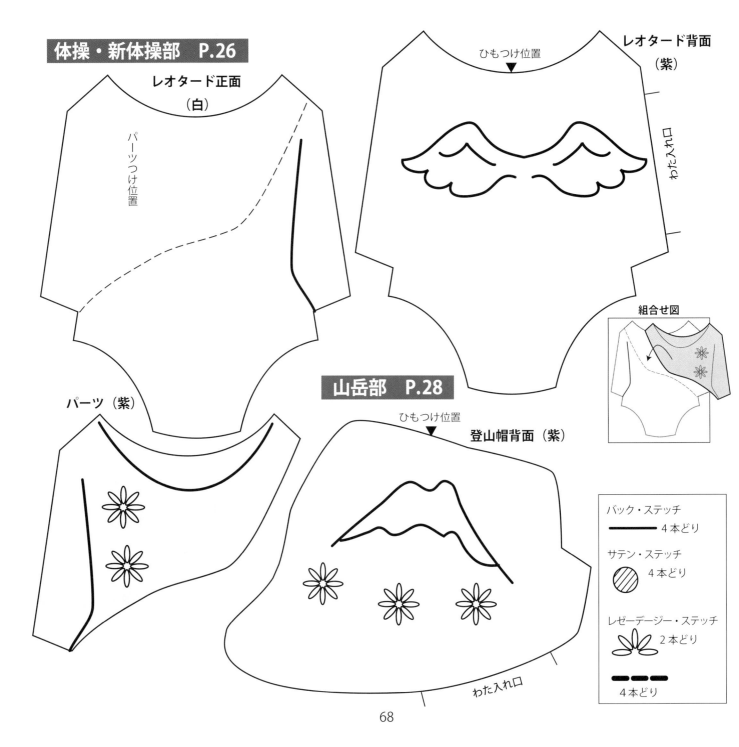

体操・新体操部　P.26

レオタード正面
（白）

パーツつけ位置

レオタード背面
（紫）

ひもつけ位置

わた入れ口

組合せ図

パーツ（紫）

山岳部　P.28

ひもつけ位置

登山帽背面（紫）

わた入れ口

バック・ステッチ
4本どり

サテン・ステッチ
4本どり

レゼーデージー・ステッチ
2本どり

4本どり

68

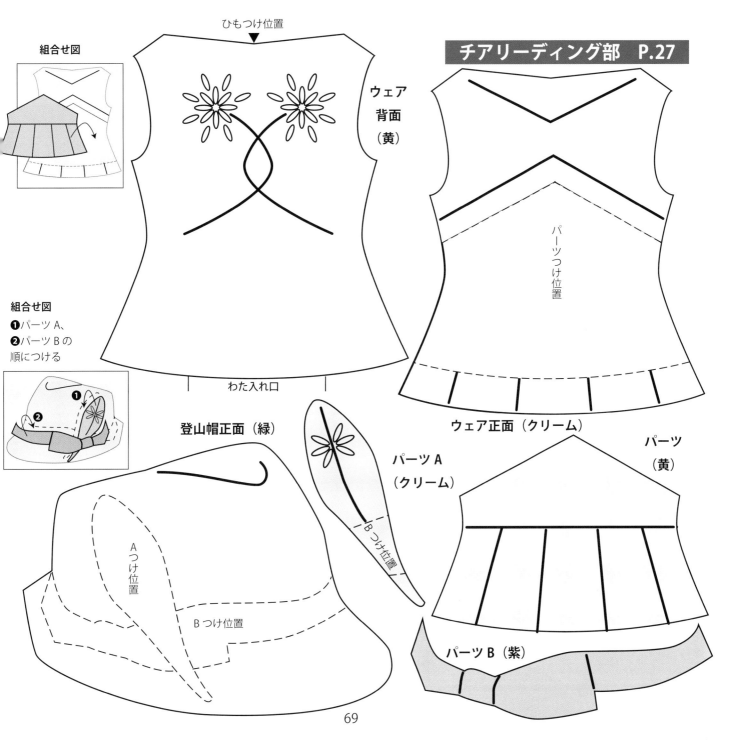

組合せ図

ひもつけ位置

ウェア
背面
（黄）

パーツつけ位置

わた入れ口

ウェア正面（クリーム）

組合せ図
❶パーツ A、
❷パーツ B の
順につける

登山帽正面（緑）

A つけ位置

B つけ位置

パーツ A
（クリーム）

B つけ位置

パーツ
（黄）

パーツ B（紫）

69

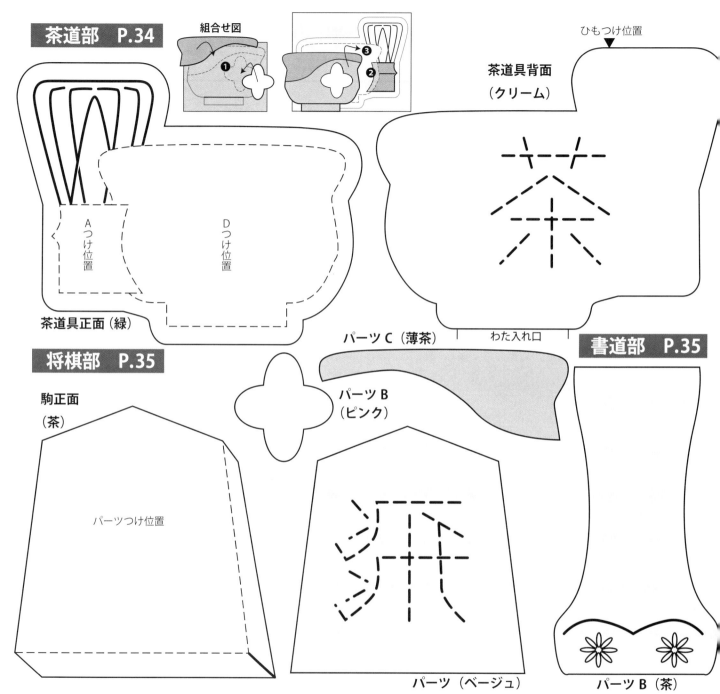

茶道部　P.34

組合せ図

茶道具背面
（クリーム）

ひもつけ位置▼

茶

茶道具正面（緑）

A つけ位置

D つけ位置

わた入れ口

パーツ C（薄茶）

将棋部　P.35

駒正面
（茶）

パーツつけ位置

パーツ B
（ピンク）

パーツ（ベージュ）

書道部　P.35

パーツ B（茶）

パーツ A
（茶）

D つけ位置

A つけ位置

組合せ図

❶

❷

カメラ正面
（薄茶）

パーツ B
（白）

B つけ位置

パーツ D
（クリーム）

組合せ図

飛

B つけ位置

C つけ位置

駒背面
（ベージュ）

ひもつけ位置 ▼

わた入れ口

ステッチ	
バック・ステッチ	
———	4 本どり
サテン・ステッチ	
◯	4 本どり
レゼーデージー・ステッチ	
◖◗	2 本どり
チェーン・ステッチ	
- - -	2 本どり

ひもつけ位置 ▼

カメラ背面
（薄茶）

❋   ❋

PHOTO

わた入れ口

パーツ A、B（黄） C〜G（オレンジ）

A
B
C D
E F G

鉄道研究部
P.37

天文部
P.36

A つけ位置

機関車正面
（グレー）

C つけ位置　　B つけ位置　　D つけ位置

E つけ位置　　F つけ位置　　G つけ位置

組合せ図
❶それぞれの
パーツを
つける

❷刺しゅうする
バック・ステッチ
4本どり
レザーデージー・
ステッチ　2本どり

ひもつけ位置 ▼

機関車背面
（グレー）

TRAIN

わた入れ口

組合せ図

天文台正面
（黒）

ひもつけ位置 ▼

天文台背面
（黒）

ASTRONOMY

わた入れ口

パーツつけ位置

72

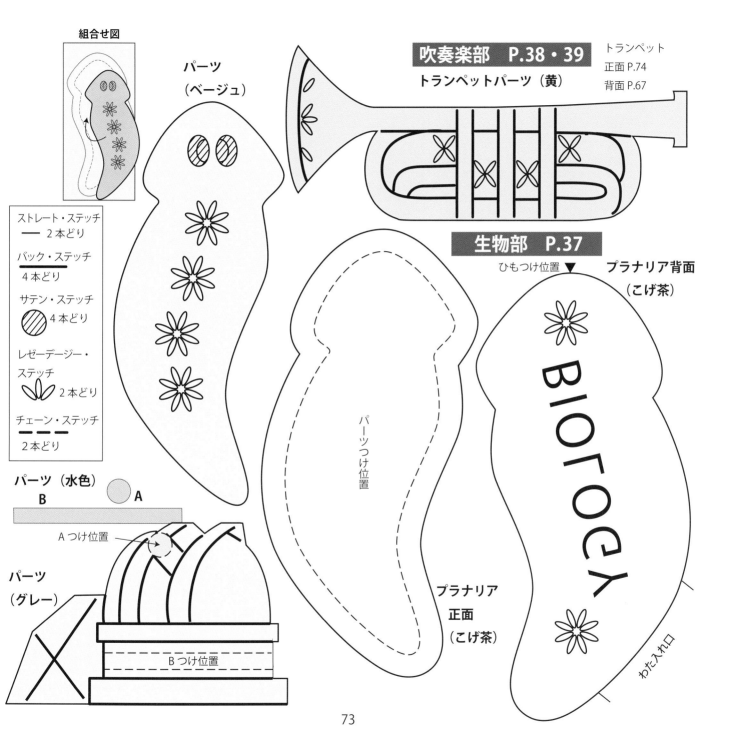

組合せ図

パーツ
（ベージュ）

吹奏楽部　P.38・39

トランペット
正面 P.74
背面 P.67

トランペットパーツ（黄）

ストレート・ステッチ
—— 2本どり

バック・ステッチ
4本どり

サテン・ステッチ
4本どり

レゼーデージー・
ステッチ
2本どり

チェーン・ステッチ
2本どり

生物部　P.37

ひもつけ位置 ▼

プラナリア背面
（こげ茶）

パーツ（水色）
B　　　　A

A つけ位置

パーツつけ位置

パーツ
（グレー）

B つけ位置

プラナリア
正面
（こげ茶）

BIOLOGY

わた入れ口

73

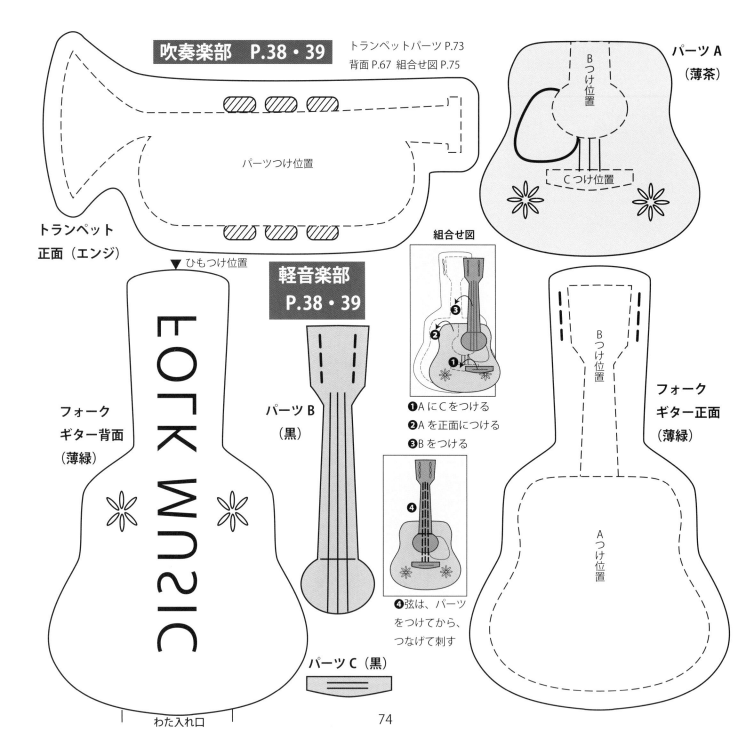

吹奏楽部　P.38・39

トランペットパーツ P.73
背面 P.67　組合せ図 P.75

パーツ A
（薄茶）

B つけ位置

C つけ位置

パーツつけ位置

トランペット
正面（エンジ）

▼ひもつけ位置

軽音楽部
P.38・39

組合せ図

❶A に C をつける
❷A を正面につける
❸B をつける

パーツ B
（黒）

FOLK MUSIC

フォーク
ギター背面
（薄緑）

フォーク
ギター正面
（薄緑）

B つけ位置

A つけ位置

❹弦は、パーツ
をつけてから、
つなげて刺す

パーツ C（黒）

わた入れ口

74

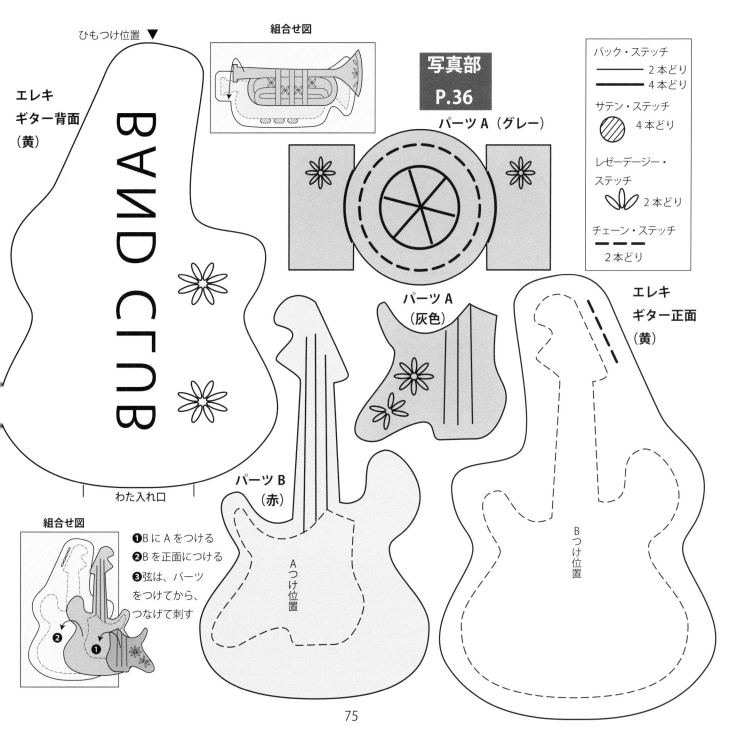

ひもつけ位置 ▼

組合せ図

写真部
P.36

エレキ
ギター背面
（黄）

BAND CLUB

パーツ A（グレー）

パーツ A
（灰色）

エレキ
ギター正面
（黄）

バック・ステッチ
――――― 2本どり
━━━━━ 4本どり

サテン・ステッチ
4本どり

レゼーデージー・
ステッチ
2本どり

チェーン・ステッチ
－ － － －
2本どり

わた入れ口

パーツ B
（赤）

A
つけ位置

B
つけ位置

組合せ図

❶ B に A をつける
❷ B を正面につける
❸ 弦は、パーツ
をつけてから、
つなげて刺す

❶
❷

75

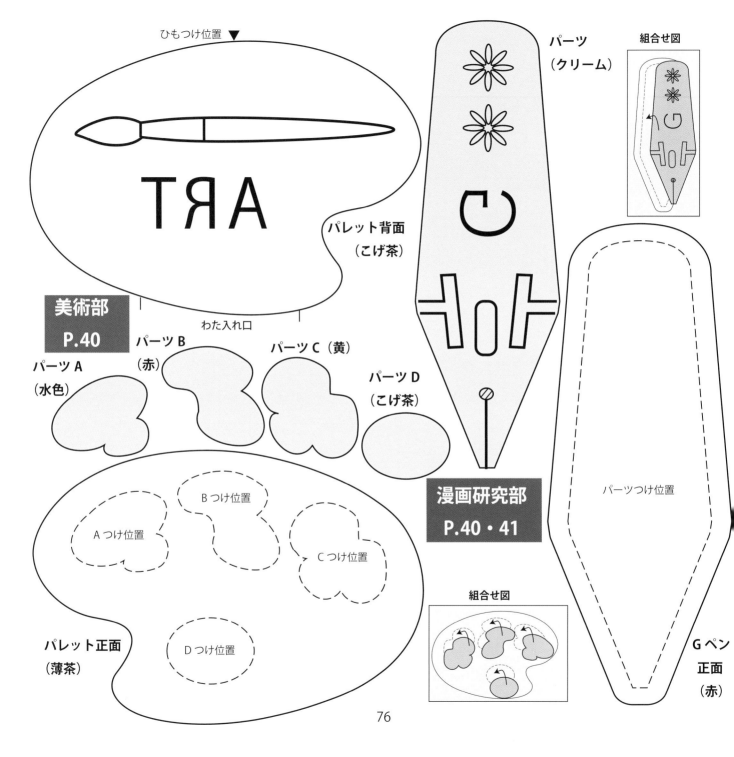

ひもつけ位置 ▼

パレット背面
（こげ茶）

ART

わた入れ口

美術部
P.40

パーツ A
（水色）

パーツ B
（赤）

パーツ C（黄）

パーツ D
（こげ茶）

パーツ
（クリーム）

組合せ図

漫画研究部
P.40・41

パーツつけ位置

Gペン
正面
（赤）

B つけ位置

A つけ位置

C つけ位置

D つけ位置

パレット正面
（薄茶）

組合せ図

76

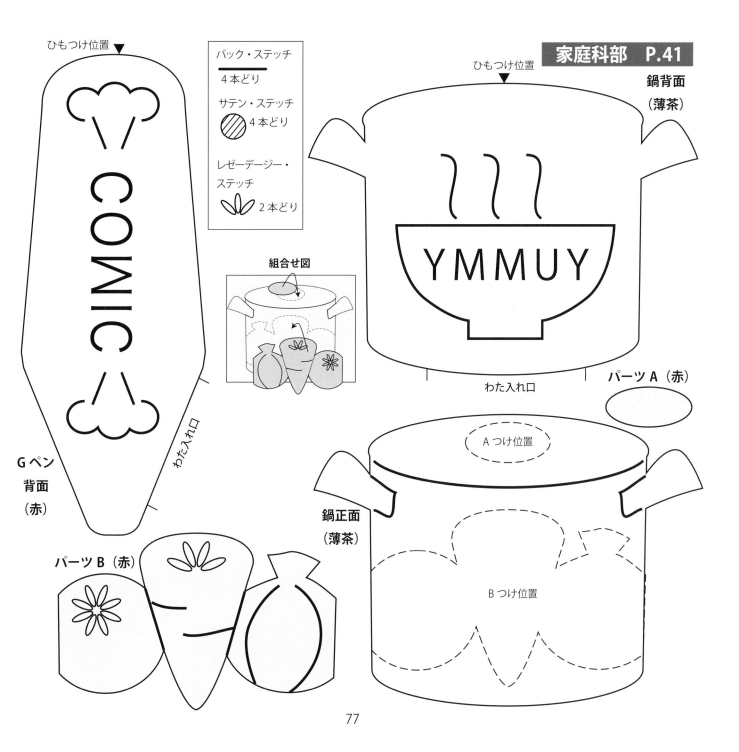

ひもつけ位置 ▼

バック・ステッチ
4本どり
サテン・ステッチ ◯ 4本どり
レゼーデージー・
ステッチ 🌿 2本どり

組合せ図

ひもつけ位置 ▼

鍋背面
（薄茶）

YMMUY

わた入れ口

パーツ A（赤）

G ペン
背面
（赤）

わた入れ口

A つけ位置

鍋正面
（薄茶）

B つけ位置

パーツ B（赤）

ブレザーとスカート P.30

リボン（赤）

上着（青灰）

リボンつけ位置

ブレザーとパンツ P.31

❶ シャツに
ネクタイを
つける

組合せ図

❷ シャツと
パンツを
つける

❷

❸

❷

❸

❸ 上着、靴をつける

リボンつけ位置

上着つけ位置

マスコット
正面
（ベージュ）

スカートつけ位置

靴つけ位置

上着
つけ位置

スカート
（灰色）

靴つけ位置

靴
（青灰）

ひもつけ位置 ▼

マスコット
背面
（灰色）

AИIH

200％に拡大

正面の輪郭か
この縮小図を
なぞる

わた入れ口

組合せ図
リボンをつける

❶

マスコット正面に
スカートをつけてから、
上着と靴をつける

❷

❸

❸

文字について

❶ 文字はトレーシングペーパーに
右側から順に写す

| Я | → | ЭЯ | → | ИЭЯ |

★文字サイズはスペースに合わせて
拡大縮小する

❷ 裏返してフェルトに
のせて転写する

REN

数字

2本どり

4本どり

ウェアのゼッケンは、チェーン・
ステッチ。太字にしたいときは
4本どりに

Ɛ 8

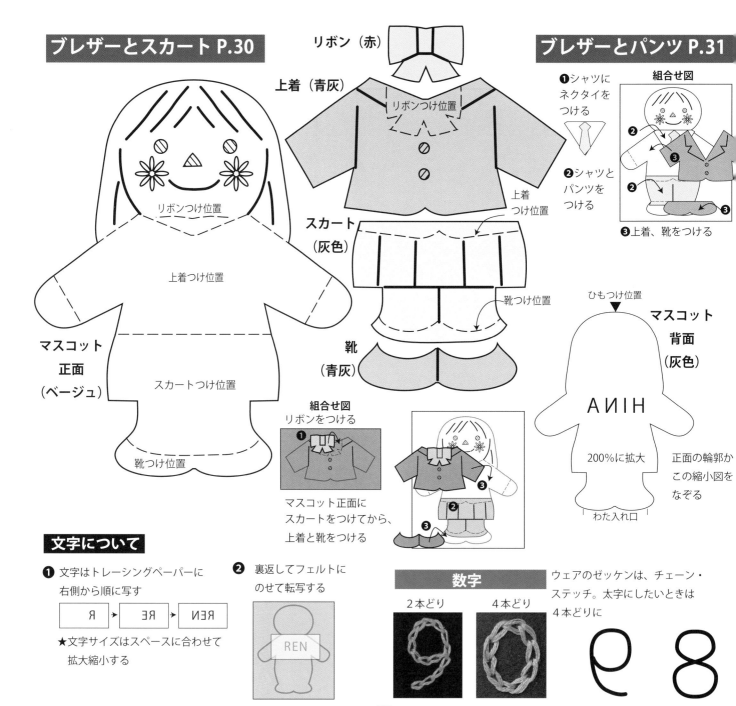

78

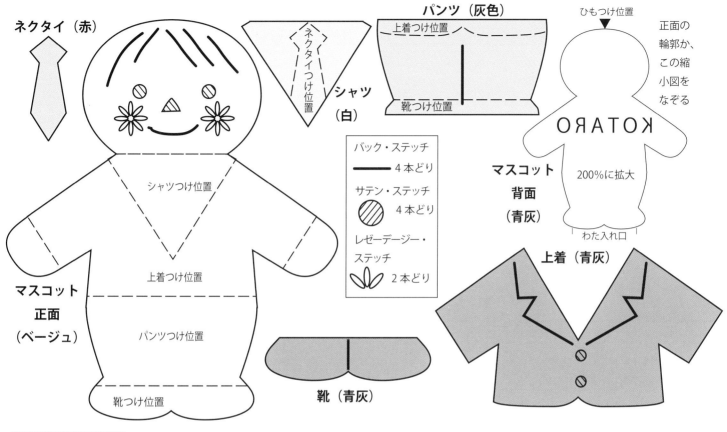

ネクタイ（赤）

シャツ（白）
ネクタイつけ位置

パンツ（灰色）
上着つけ位置
靴つけ位置

ひもつけ位置
正面の輪郭か、この縮小図をなぞる
KOTARO
200%に拡大
わた入れ口

マスコット 背面（青灰）

シャツつけ位置

マスコット 正面（ベージュ）
上着つけ位置
パンツつけ位置
靴つけ位置

バック・ステッチ ——	4本どり
サテン・ステッチ	4本どり
レゼーデージー・ステッチ	2本どり

上着（青灰）

靴（青灰）

アルフ ァベット 　4本どり。直線はストレート・ステッチ、曲線はバック・ステッチ

FOOTBALL　ABCDEFGHIJK
LMNOPQRSTUVWXYZ.!
フレンチナッツ・ステッチ　4本どり2回巻き

0123456789

79

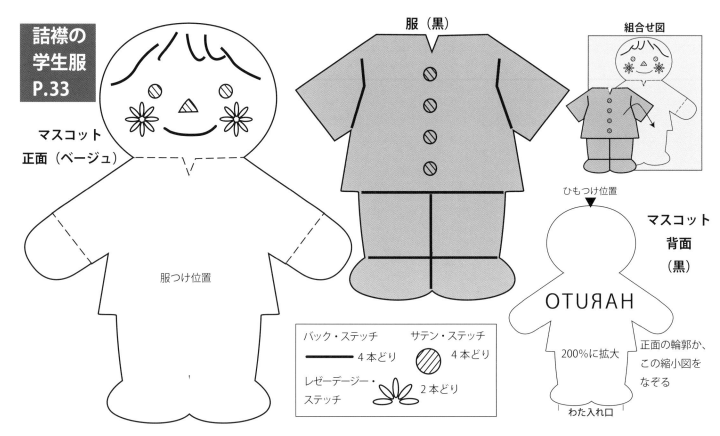

詰襟の学生服 P.33

マスコット
正面（ベージュ）

服つけ位置

服（黒）

組合せ図

ひもつけ位置

マスコット
背面
（黒）

OTURAH

200％に拡大

正面の輪郭か、
この縮小図を
なぞる

わた入れ口

バック・ステッチ	サテン・ステッチ
——— 4本どり	◯ 4本どり
レゼーデージー・ステッチ	2本どり

運動部マスコットドール縮小図案 200％に拡大

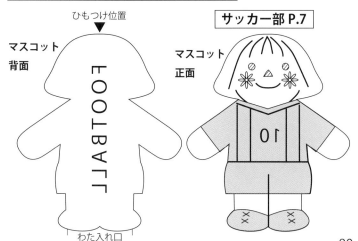

ひもつけ位置

マスコット
背面

FOOTBALL

わた入れ口

サッカー部 P.7

マスコット
正面

10

図案の使い方

❶ 下絵を拡大する。刺しゅうは、図案の線を拡大してから確認する。
　カラーページ のイラストを参考にフェルトや糸の色を選ぶ

❷ トレーシングペーパーに図案を写し、フェルトに転写する。
　マスコットとウェアやシューズは別々に写し、転写する

マスコット背面

FOOTBALL

マスコット正面

ウェアやシューズ

10

❸ P.43〜を参照してマスコットを作る

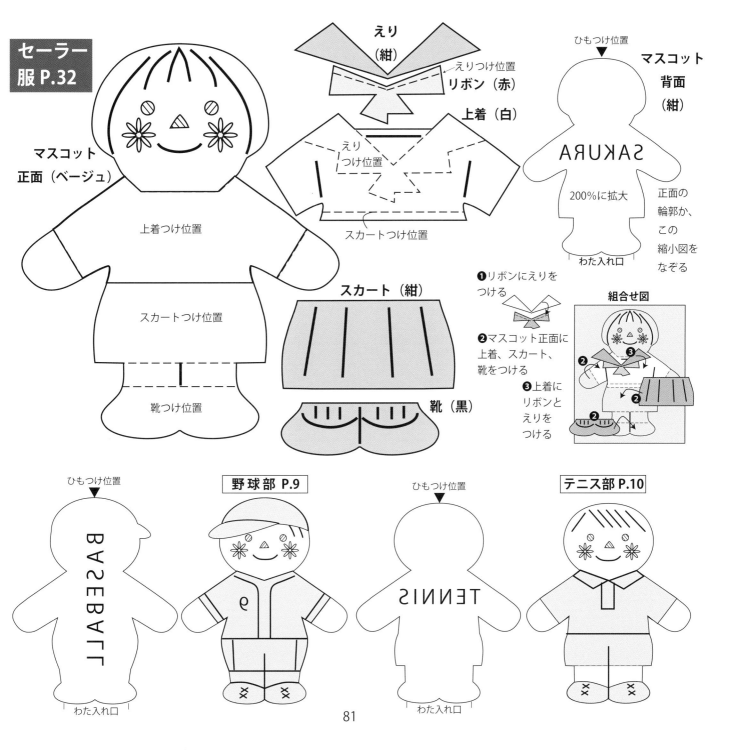

セーラー
服 P.32

えり
（紺）

えりつけ位置

リボン（赤）

上着（白）

えり
つけ位置

スカートつけ位置

マスコット
正面（ベージュ）

上着つけ位置

スカートつけ位置

靴つけ位置

ひもつけ位置

マスコット
背面
（紺）

SAKURA

200%に拡大

正面の
輪郭か、
この
縮小図を
なぞる

わた入れ口

スカート（紺）

靴（黒）

❶リボンにえりを
つける

❷マスコット正面に
上着、スカート、
靴をつける

❸上着に
リボンと
えりを
つける

組合せ図

ひもつけ位置

BASEBALL

わた入れ口

野球部 P.9

9

ひもつけ位置

TENNIS

わた入れ口

テニス部 P.10

81

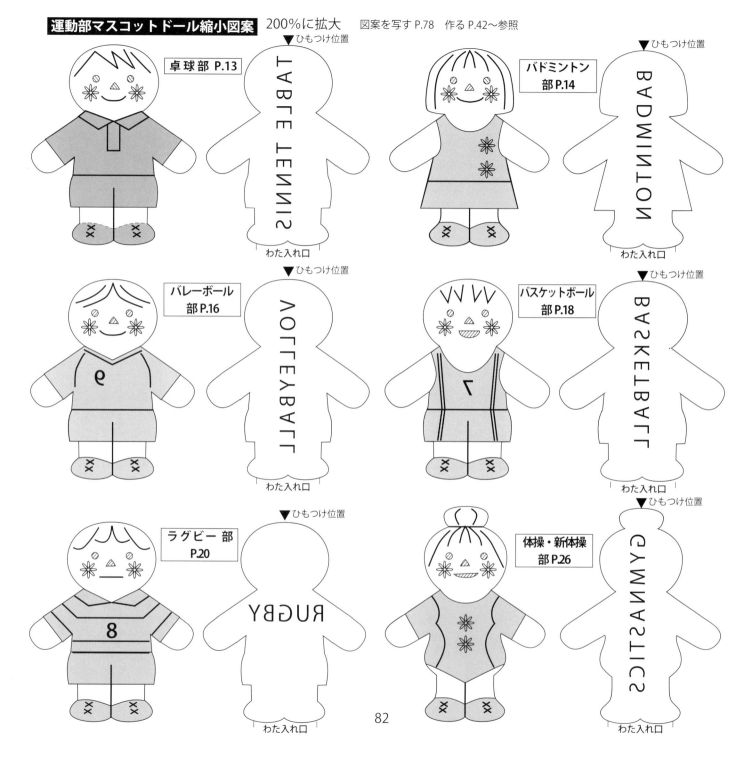

運動部マスコットドール縮小図案　200%に拡大　図案を写す P.78　作る P.42〜参照

卓球部 P.13

▼ひもつけ位置
TABLE TENNIS
わた入れ口

バドミントン部 P.14

▼ひもつけ位置
BADMINTON
わた入れ口

バレーボール部 P.16

▼ひもつけ位置
VOLLEYBALL
わた入れ口

バスケットボール部 P.18

▼ひもつけ位置
BASKETBALL
わた入れ口

ラグビー部 P.20

▼ひもつけ位置
RUGBY
わた入れ口

体操・新体操部 P.26

▼ひもつけ位置
GYMNASTICS
わた入れ口

82

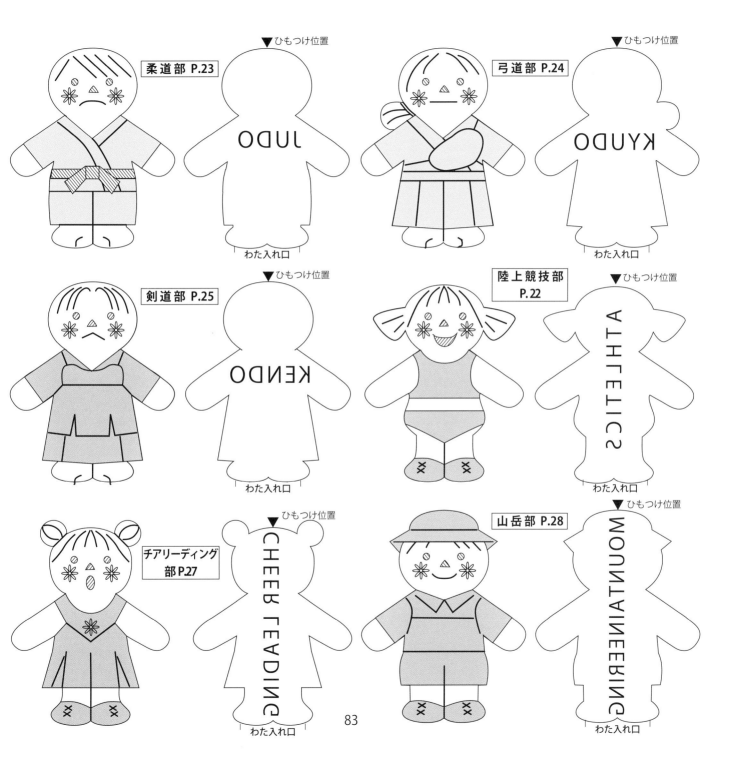

柔道部 P.23

▼ひもつけ位置

JUDO

わた入れ口

弓道部 P.24

▼ひもつけ位置

KYUDO

わた入れ口

剣道部 P.25

▼ひもつけ位置

KENDO

わた入れ口

陸上競技部 P.22

▼ひもつけ位置

ATHLETICS

わた入れ口

チアリーディング部 P.27

▼ひもつけ位置

CHEER LEADING

わた入れ口

山岳部 P.28

▼ひもつけ位置

MOUNTAINEERING

わた入れ口

83

がなはようこ ：ピポン

http://www.sigma-pig.com/
http://www.instagram.com/ganaha_yoko_pigpong

商品プランニング、ブックデザイン、イラスト、オブジェ製作、
ディスプレイ等、多岐にわたって活動。ボールペン画という新しいジャンルを提案。
ピポンは、辻岡ピギーとのアート、クラフト作品製作のユニット。
オリジナリティあふれる、ユニークな活動を展開している。

【ピポンの本】
『フェルトのお守り ラッキーチャーム』『フェルトの福づくしチャームとお守り袋』
『ピポンのフェルト・チャーム ワンコ・ニャンコ・インコ』『ボールペンで塗り絵 パリの旅』
『作るのカンタン 平らなワンコ服 12か月』
『着せると カワイイ 平らなワンコ服 30 着』文化出版局、
『ボールペンでイラスト』『和の切り紙』飛鳥新社、
『ヌメ革クラフト ハンドブック』『藍染ガイドブック』
グラフィック社、ほか多数。
ぜひ、ホームページをごらんください。

ピポンのホームページ

作品製作

黒川久美子
色鉛筆でフェルトに図案を写す方法を発案。
ピポンのイラストをそのままのイメージで
フェルト・チャームを製作。

インスタグラム

Staff

ブックデザイン　がなはようこ
撮影　池田ただし（ヴゥーズ）
協力　辻岡ピギー（ピポン）
　　　酒井恵美（エムズ・プランニング）
　　　六角久子
校閲　向井雅子
編集　大沢洋子（文化出版局）

図案の写し方の動画

提供

サンフェルト　http://www.sunfelt.co.jp/
〒111-0042 東京都台東区寿 2-1-4　tel.03-3842-5562

ディー・エム・シー（DMC 刺しゅう糸）　http://www.dmc.com
〒101-0035 東京都千代田区神田紺屋町 13 山東ビル 7F　tel.03-5296-7831

三菱鉛筆　http://www.mpuni.co.jp
〒140-8537 東京都品川区東大井 5-23-37　お客様相談室　tel.0120-321433

ピポンのフェルトで作る
部活応援チャーム
運動部から文化部まで、いっぱい！

2021 年 3 月 6 日　第 1 刷発行

著　者　がなはようこ：ピポン
発行者　濱田勝宏
発行所　学校法人文化学園　文化出版局
　　　　〒151-8524　東京都渋谷区代々木 3-22-1
　　　　tel.03-3299-2489（編集）
　　　　tel.03-3299-2540（営業）
印刷・製本所　株式会社文化カラー印刷
© ピポン有限会社 2021　Printed in Japan

文化出版局のホームページ　http://books.bunka.ac.jp/